Zum Autor

Geboren 1932 in Nordhorn / Niedersachsen

Nach dem Abitur Arbeit im Straßen- und Montagebau und in der Elektroindustrie

Studium der Philologie, Philosophie und Theologie in Marburg und Freiburg

Schuldienst bis 1994

Verheiratet, drei Kinder, lebt in Bad Karlshafen / Weser und in Santa Magdalena im Maestrazgo / Spanien

Von Helmut Temme erschien 2002 der Lyrikband:
leugne den winter. Gedichte. ISBN 3-8311-3999-7

Herstellung und Verlag:
Books on Demand GmbH, Norderstedt
Fotos: Gisela Temme
© Helmut Temme 2011
ISBN 978-3-8448-5464-0

Helmut Temme

Der Wind will keine Ruhe

Gedichte

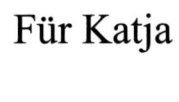

Für Katja

Inhalt

Nah – Aufnahme

Lichtwechsel

Zeichen – Setzung

Nah – Aufnahme

Die Diemel

Strömen
bedächtig
ohne lauten Zorn
und
ohne seufzende Klage
durch
sanft atmende Wiesen
vorbei
an Bäumen
die mich betrachten
voll Freundschaft
vorbei
an dornigem Busch
und am wachsamen Wald
an ragenden Türmen
und verachteten Hütten
und
an den wartenden Feldern
den geduldig empfangenden
und zuverlässig schenkenden

Mein Ziel
ist mir bestimmt
seit meiner Quelle
die mich nährt
unablässig
und mir treu bleibt
in Gleichmut
und
mein Ende
steht mir bevor
unwiderruflich
doch
es ist mir vertraut
wie die gütigen Wolken

und
ich erwarte es
ohne Angst und Bitternis

Denn
ich bin gewiss
ich werde erreichen
den ersehnten Strom
und eingehen
in seine mächtige Flut
um
verwandelt
teilzuhaben
an seinem kühlen Traum
vom Meer

Der Hugenottenturm

Gebrechlich
mit schütterem Schädel
und feucht vergrüntem Rumpf

Darauf die Inschrift
aus schwarz gerostetem Eisen
gedenkend des Stifters
mit dem vergessenen Namen
rühmend
in erhabenen Lettern
seine Bedeutung
preisend
seine Höhe
und vorzeigend
die Zahl eines vermoderten Jahres
und ihre eitle Einmaligkeit

Geprägt
in die schartige Haut des Sandsteins
die alten Chiffren von Liebenden
ihre wund gewordenen Initialen
geborgen
in den unsicheren Konturen
ihres gemeinsamen Herzens

Ich gedenke
längst geschlossener Augen
ich gedenke
weißer Hände
die sich nicht mehr regen
und bin gewiss

was war
und Zeichen wurde
ist heute
und wird bleiben

denn ein Stein
behält sein Wissen
und verwahrt es
in der Stummheit
seines algigen Antlitzes

Baum im Solling

Es ist geschehen.
Mein Atem
vertraut mit Jahrhunderten
ging zu Ende.
Nicht wahrhaben
wollte es
mein verfaulter Leib
doch
der Tod behielt recht
und überantwortete mich
dem Fall.
Beraubt
meiner üppigen Krone
abgetrennt
von meinen Wurzeln
verstümmelt
liegt nun
mein mächtiger
machtloser
Stamm
am Rande
wartend
auf nichts.
Nehmt wahr
mein nutzloses Bild
holt
meine vergangene Pracht
und Kraft
in eure
mühsame Erinnerung
und vergesst nicht
das Leben.

Die Hannoverschen Klippen

Ihr wachsamer Blick
hinab auf den hellen Strom
auf die weiße Stadt in der Tiefe
und auf das
unauffällig vergehende Kraftwerk
ist distanziert
und tägliche Gewohnheit

Regen und schabender Wind
schleifen ihr verwitterndes Angesicht
Der Falke
reglos kreisend
über ihren verwildernden Häuptern
vertraut
ihrem roten Fels
und wohnt zufrieden
in ihrer stummen Geduld

Wenn die Dämmerung
sie mit weichen Händen
behutsam umfängt
beginnt ihr kühler Traum
und sie atmen
den vergangenen Tag

Kinder

Schreie
Funken hellen Glücks
sprühend über erschöpftes Grün

blonder Schopf
rote Stoppeln gelgestylt
schwarze Locken
blaue Kappe

Ingo
Mehmet Nico
Marcel Stefan Wassili
Luigi Mesut Lars
Mario Jörg
Hasim

gib ab
hier hier
schieß doch
aus Einwurf
schieß Nico

der weiße Ball
springt rollt knallt fliegt
im Sonnengold
außer sich vor Freude

von
Stefan zu Hasim
zu Jörg
zu Mesut
zu Ingo
verpasst Luigi

und

ruht sich aus
im kühlen Bach

was nun

Volkstrauertag

Vor allem

rechts
die prachtvolle Fahne
brokatschwer
bunt bebändert
gehalten
von grüner Uniform

zur Linken
messingblitzend
die Instrumente
bereit
zum erneuten Gehorsam
wartend
auf den Befehl
zum Einsatz
für
den Guten Kameraden

und nun
pünktlich
der Beginn
des Gedenkens
verlautet
von der Stimme
des routinierten Redners
Worte
herabfallend
auf nassen Rasen
und weißen Kies
wir haben uns hier
an diesem Ort
nicht nur

sondern alle Opfer von Kriegen
auch heute
wir alle sollten
nie darf sich das
dafür müssen wir
jeden Tag
denn
usw.

doch
ungerührt
und stumm
versiegelt
mit der Patina
von Irrtum
und Tod

das steinerne Mal
der Ehre

gekrönt
mit der Widmung
der dankbaren Stadt
für ihre Söhne
und ausgezeichnet
mit vierundsiebzig Namen
vorne
links
und rechts
im verwitternden grauen Stein

abgewandt
von den Lebenden
im Schatten
von Tanne und Rhododendron
dreizehn Worte Verhängnis

DAS VATERLAND
DARF JEDES OPFER FORDERN.
NICHTS IST ZU KOSTBAR
FÜR DAS VATERLAND.

Stimmen von Männern
verkünden
dass
der Herr
heilig heilig heilig
ist

die anmaßende Fahne
wird gesenkt
die Instrumente
kommen zum Einsatz
der Gute Kamerad

wird gespielt

und
noch einmal
Worte Worte
dein Wille
denn
und die Herrlichkeit
dein ist das Reich
in Ewigkeit
Amen

Die Steinigung des Stephanus

Gut ausgesucht
und sorgfältig geprüft
sind diese Steine
mit scharfen Kanten
die tief das Fleisch verwunden
handlich und bequem zu greifen
nicht zu schwer
denn sie sollen das Opfer erreichen
doch massig genug
um zu zertrümmern
den starrsinnigen Schädel
und seine verhassten Gedanken
von Freiheit und Widerstand
und von Liebe

Du
Stephanus
missachtend deine Quäler
hinter deinem Rücken
hast das Knie gebeugt
und unterwirfst dich
mit Gnade erbittenden Händen
deinem Gott
doch dein Blick bleibt erhoben
geheftet auf deinen
mit flammender Inbrunst
geglaubten und geschauten
verlässlichen Herrn
in den Wolken
deines Himmels über dir

Wer
sind die Werfer
die
blankäugig
behende und des Zieles kundig
mit genussvoller Gebärde
und sportlicher Wucht
weit ausholend
drängen
um zu treffen
die Freiheit
und sich freuen
sie zu töten

Und wer
ist der Betrachter
der
abseits
am Rande sitzend
aufmerksamen Blicks
sich heraushält
und
unbewegt
geschehen lässt
verwahrend
Steine
für das Sterben

Stephanus
der du Martyrium erflehst
und dessen Blut
versickern wird
im gierigen Sand der Tiefe
wirst du
dennoch
überstehen
und siegen
oder
wirst du unterliegen
und verlieren
die Gewalt tun
werden sie vergehen

oder bleiben
deine mundverschlossenen Schreie
Stephanus
werden sie vernommen
oder
veratmen sie im Leeren

Hommage an Hubert

Unser Hubert

kurz geraten
die verwachsenen Beine
groß
die Füße in derbem Leder
und klotzig der Schädel
unter den steifen Haaren

Hubert
der Grobschlächtige
und Unrasierte
speichelnd
und lallend
mühsam artikulierend
unverstanden Bleibendes
die knochigen Hände
geschlossen um die blankpolierte Stange
seines bizarren Gefährtes
eiernd auf Gummirädern
unter genagelten Brettern
bestückt mit wichtigen Zeichen
Stop
Vorfahrt beachten
Einfahrt verboten
und zur Rechten
die triumphierende Standarte
des borstigen Besens
und stramm stehend
die abgewetzte Schaufel
aus blankem Blech

Unser Hubert
eilig schlurfend
und schiebend
unermüdlich
seine Behinderung
über Pflastersteine
und schwarzen Asphalt
grunzend und fluchend
und kehrend
und entfernend
unseren Abfall
und aufsammelnd
unseren Unrat
von unseren Wegen
und unseren Plätzen
reinlich haltend
unsere
sogenannte weiße Stadt

Hubi
unser Hubi
kämpfend verzweifelt
mit Gliedmaßen
die nicht parieren
und schleppend
über gleichgültige Bürgersteige
fleißig wie ein Uhrwerk
sein dumpfes Unglück

Hubi
unser Hubi.
Seine Gestalt
die unbegnadete
war mir vertraut

So oft
nahm ich sie wahr
beiläufig
im Alltag vieler Jahre
und übersah sie

wann
und mein Blick
fand sie nicht mehr
und vermisste sie nicht mehr
und vergaß sie
und ich vergaß ihn
Hubert

Sein Bild
entzog sich
selbstgerechter Wahrnehmung
und fiel anheim
erschrockener Erinnerung.
Hubi
unser Hubi
alt geworden
und am Ende
verließ seine Stadt.
Wo blieb er
und wo blieb sein Karren?

Meinem Enkel

Deine dunklen Äuglein
was nehmen sie wahr
und was entdecken sie
was möchten sie fragen
und wissen
was magst du denken fühlen
hinter deiner sanften Stirn
deine festen Ärmchen
was werden sie bewegen können
und welche Last
werden sie tragen müssen
dein Mund wird lachen singen
und schreien
halte den Kopf hoch
wie jetzt
werde mutig
und stark
die Welt ist geöffnet
weit
für dich
tritt ein
in ihre unendlichen Rätsel
und Wunder

und lebe

Sein Schulweg

Glücklich

berge ich
seine kleine weiche Hand
in meiner spröden gelebten
die wach gewordene Sonne
wärmt eine alternde Stirn
und streichelt junges Stoppelhaar

unnachsichtig
schiebt der mächtige Ranzen
einen schmalen Rücken
den weg hinauf
zur Pflicht

sprudelnd
steigen zarte Worte
helle Seifenblasen
in blaue Höhe
Opa
wir müssen rüber
bevor ein Auto kommt
und
ich folge
den kurzen Schritten

komm
mein Kleiner
gib mir wieder
deine Hand
halte mich
dass ich nicht falle
hinab
in die Tiefe der Trauer

denn noch bin ich

Glücklich

Lichtwechsel

vor frühling

die wiesen
öffnen ihr grün
sträucher
riskieren zaghaft
neuen beginn
weiße wolken
halten
ihren himmel bereit
noch wartet
der wald

Die Quelle

Bin ich löschende Kühle
Bin ich silbernes Licht
Bin ich sprühender Klang
springend
über versammelte Steine
und schlafende Moose
Ich bin
Eile und Ungeduld
und weiß nichts
von Verharren
und Ziel
von Ruhen
und Ende
von Zeit
und Grenze
Ich ströme
und bin

Die Nachtigall

Welcher Stern
schenkt dir
die blühenden Töne?
Welches Glück
beruft deine beseligte Stimme?
Voller Lust
gibt sie sich hin
der warmen Dämmerung
lässt die schwarze Eiche
still sein
und horchen
der strahlenden Melodie
und
den Mond
den sanften
steigen
aus der Tiefe
empor
in den Frieden.

Sommer

Dass die ragenden Malven
ihre blassen Blüten
im Morgenhauch wiegen,
dass die Dahlien,
rot wie dunkles Blut,
das sanfte Grün erwecken,
dass die Rosen
vor deinem offenen Fenster
dir täglich Zuversicht verschenken
und die blaue Dolde des Agapanthus
bescheiden dir zulächelt,
dass die üppigen Petunien
nicht müde werden,
Freude zu strahlen,
dass die glühenden Sterne
der Nachtkerze
sich abendlich öffnen
und dir das Gold des Mondes
in deinen Traum bringen -

ist dir das alles
nicht genug,
was verlangst du
mehr
und wann endlich
begreifst du?

Spätherbst

Es ist wohl
die letzte
noch atmende Rose
in meinem Garten.
Verschämt
leuchtet
ihre helle Schönheit
zwischen vertrocknenden Blättern
und preist
immer noch
vergangenen Sommer.
Nicht lassen kann sie
vom Glanz
des wiedergekehrten Tages
und hält aufrecht
ihre strahlende Zuversicht.
Doch
mein Herz
ist gewiss
ihr Ende
ist entschieden.

Der Teich

Silberner Schlaf
unter
der grauen Feuchte
des endlich erreichten Novembers

Die Pappeln
haben entsagt
dem stolzen Sommer
und
betrachten resigniert
ihr zitterndes Bild
in kühler Tiefe

Ungerührt
beharrt die Weide
im zaghaften Hauch
und überhört
das nasse Rascheln
des Wasserhuhns

Dezember

Noch letzte Blätter
erschöpft
von brennendem Licht
und grellem Sommer
vergessen
in regloser Blässe
und können
dennoch
nicht sinken
herab
in dunkle Kühle
Wer schenkt ihnen
endlich
ihre Verwandlung

Spanisches Stillleben

Stachlige alliaga
ungerührt und gnadenlos
im heißen Licht des August
erlaubt keinen Zugang
nur
das schweifende Auge
fällt
unvorbereitet
über das Fremde und Grelle
und notiert
mit Beklemmung
Zerstörtes und Verwesendes

Eine Ladung
ausgeleerter Gemüsedosen
glitzernd im Mittag
zertrümmerte Fliesen aus heller Keramik
neben
jubelndem Gelb des Ginsters
und dem verbleichenden Rot
faulender Tomaten
grünes Obst
schwimmend in geschlossenen Gläsern
trockene Mandelschalen
unter zerfetzten Resten
des Pullovers aus Acryl
und
der zerbrochene Camping-Stuhl
zerfressen vom UV-Feuer.
Weggeworfenes und Verratenes
geopfert
unserem täglichen Gotte.

Die blaue Fliege
funkelnder Saphir
zuckt
über die Üppigkeit des Verderbten
und markiert lautlos
den aufsteigenden Dunst
von Vergehen
und Vergessen.

Nacht im Maestrazgo

Der Wind will keine Ruhe.
Befreit
von der Last behäbiger Wolken
zischt sein scharfer Atem
hoch durch die trotzigen Pinien.
Rings
die Zikaden
schreddern silbernes Sternenlicht
und verstreuen es
über die schwarzen Berge
vergeblich.
Nachsichtig
wartet mein dunkler Wein;
ich habe seine Verführung vergessen.

der strom

sei geduldig
gönn ihm die zeit
die er sich nimmt
und frage ihn nicht
ob er ankommt
hörst du wie glücklich er ist
im kühlen traum
seiner sanften bewegung
verlassen kann er sich
auf die treue des ufers
und die liebe
des endlosen waldes
der ihn umfängt
schweigsam
du darfst
sein gast sein
auf dem schiff
das er
bereitwillig
trägt
sei ihm freundlich
und begegne behutsam
seiner bescheidenen größe

Ägypten

Weißgeblähte Feluke
auf dem Rücken
des geduldigen
Allvaters Nil

Amun Re
hat erreicht
rotglühend
den Horizont

Das Licht der Wüste
jenseits

erlischt.

vor frühling 2

aus blauer kuppel
erneuertes licht
behutsame wärme
auf erde und stein
der ruf
des kranichs
hoch
im unbegrenzten
versichert
wiederbeginn

Zeichen – Setzung

Kindheit

Der Ball,
springend
im Schatten der kalkenen Mauer

Das einsame Spiel
mit Pindop
und knallender Peitsche
im gepflasterten Hof

Die frische,
qualvoll kratzende Wäsche
am Sonntagmorgen

Die würgende Angst
vor dem Kopfsprung
ins brackige Wasser
des Kanals

Der Weg
zur Schule
vorbei
an der riesigen Schwärze
des lauernden Hundes

Die Feldpostkarte
des großen Bruders
von der Front
in Frankreich

Der Sirene
gellender Schrei
des Nachts
und
das dumpfe Hallen
der Bomber
im Finstern

Der Mutter Stimme
rufend von weitem
wenn die Sonne sich neigt
und
ihr Abendgebet
mit dem verträumten Jungen
dem Jüngsten

Liebe und Ich

Wenn das Ich wächst,
welkt die Liebe.
Wenn Liebe erblüht,
wird das Ich ersterben.

Das Ich schreit,
Liebe horcht.
Das Ich hasst,
Liebe verzeiht.
Das Ich setzt durch,
Liebe gibt nach.
Das Ich verlangt,
Liebe verzichtet.
Das Ich nimmt,
Liebe gibt.
Das Ich verweigert,
Liebe schenkt.

Das Ich flieht,
Liebe steht.

Das Ich verschließt und verzagt,
Liebe öffnet und wagt.

Wird mächtig das Ich,
verwelkt die Liebe.
Blüht die Liebe,
erstirbt das Ich.

Flut

Das Besondere, das täglich geschieht
das Außergewöhnliche, das so banal ist
das Einmalige, das belanglos bleibt
das Ereignishafte, das keine Folgen hat
das Unglaubliche, das uns vertraut wird
das scheinbar Unscheinbare, mit dem wir nicht rechnen

Unablässig fließt sein Strom, anfanglos und ohne Ende,
   gurgelnd
kreisen die Strudel um unseren mühsamen Atem. Steht fest in
   der
Flut, der schlammigen, und im kreischenden Lärm, dass
   euer
pochendes Denken nicht weggespült werde in schwarze
   Verwirrnis
und eure Hoffnung, die verzweifelt gehütete, lautlos erstickt.

*

Verdachtsmomente   Unregelmäßigkeiten

        Ermittlungen
        Fahndung
        aus Bankenkreisen
        Unterschlagung
        Steuerhinterziehung

        Verdunklungsgefahr
        Festnahme

        an nichts
        seit Jahren
        aus Habgier
        in Widersprüche
        Vorwürfe vertuscht
        um Millionen

Geständnis widerrufen
unter Druck
personelle Konsequenzen
Rücktritt
verdient Respekt

Verfahren eingestellt

*

Einkaufscenter   Busbahnhof

Lieferwagen
Selbstmordattentäter
Sprengsatz

zeitgleich

ums Leben
darunter zahlreiche
sowie
in umliegende Krankenhäuser

als Orthodoxe
Bekennerschreiben
weiter so lange bis

Militäraktion
Kampfhubschrauber
Flüchtlingslager
Raketen
Schule
mindestens
Panzerkolonne

Vorgehen verteidigt
Kritik zurückgewiesen
Haltung bekräftigt
weiter so lange bis

Rache   Vergeltung

              Friedensprozess

                     *

politbarometerfolgewinnmitnahmehrwertsteueraufkommentar
ifpartnertragslagerechtsparteiausschlussverfahrentlassungewis
sensentscheidungewissentlich

undsoweiterundsoweiterundsoweitersoweitersoundweitersow
eiterweiterweitersoweitersoundsoundsoundsosoweiter

              war was wann
                        was war wann
                                        wann war
was
                        war gestern was
                        was war gestern
          wo war was wann   wann war was
wo
              ist heute was   was ist heute
                        heute ist was
          was ist morgen   wo ist heute
morgen was

              was heute ist morgen gestern war heute morgen ist
was
                        war gestern morgen was

                     *

              dies ist doch wichtig nebensächlich ist das
              dies ist doch skandalös alltäglich ist das
              dies ist unfassbar immer so ist das
              dies ist unglaublich üblich ist das
              dies ist entsetzlich überall ist das so
              dies ist ungeheuerlich ganz normal ist das
              dies ist grauenvoll uninteressant ist das
              dies ist unmenschlich ohne bedeutung ist das
              dies ist verbrecherisch spielt das eine rolle

dies ist das ist dies ist das dies das ist das ist dies und
dies ist das dies und das

*

Wer beachtet eure Urteile, dröhnend verkündet mit
empörter Stimme? Wen interessieren eure dürren
Thesen, verstreut mit bequemer Zunge und lässiger
Lippe? Wer nimmt wahr euer vages Achselzucken?
Lasst eure Rufe, die nutzlosen, mit versinken hinab
in den fauligen Grund der Nichtigkeiten und wartet
auf nichts.

*

Wo ist das Ende? Was ist das Ende? Fragt das Licht,
das ungerührte, und das helle Wasser, fragt die
schweigsamen Wolken und den blinden Strom. Ich
werde den Hügel erreichen, gelasssen atmen,
gleichmütig das Treibgut betrachtend, eingestellt auf
die unablässige Wiederkehr von Vergessenem und
geduldig vertrauend auf deckenden Schlaf.

Netzsuche (zum 5.11.1988)

Freude
verdorrt
Glück
erstickt
Geborgenheit
vereist

Licht
erloschen

Der Preis
für
die end
gültige Freiheit
ist
der Tod

Sonst
nichts.

Nach Fragen nachfragen

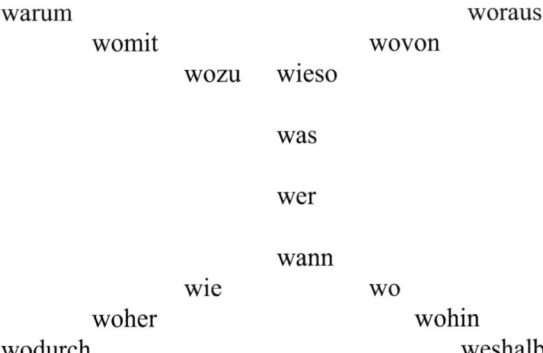

warum gibt es leider
womit ließe sich eventuell
wozu sollte gerade
woraus könnte einmal
wovon würde schließlich
wieso wäre dennoch
was müsste aber
wer hätte letztlich
wann könnte man
wie wären trotzdem
woher müssten also
wodurch ließen sich vielleicht
wo wird endlich
wohin sollte denn
weshalb gelingt so selten

Prädikate ringen nach Atem
und kommen nicht zum Zuge.
Subjekte trauen sich nicht
und bleiben verschwiegen.
Fragen werden unter Verschluss gehalten
und haben keine Chance.
Weit entfernt im Unsichtbaren
verbergen sich Antworten
und warten ungedacht.

leergut

ich sag mal
ich will dir mal was sagen
ich sag dir eins
kann ich nichts zu sagen
ich sag dazu nichts
ich habe nichts gesagt
was soll ich dazu sagen

irgendwie meine ich
bin ich der meinung
wasweißich
eigentlich ja
vielleicht oder auch nicht
kann sein kann auch nicht
so oder so
ich finde das irgendwie
sowieso
naja ich weiß nicht
ich bin da nicht so sicher
ich gehe davon aus

wir werden sehn
genauso isses
was solls

nun denn

leergut
wiederverwendbar
stets von neuem benutzt
widerstandsfähig flexibel stabil
aus wortmüll geschreddert recycled
gepresst zu sprachpappe
deklariert als wertstoff
und
ausgezeichnet mit dem grünen punkt
glatter interviews
und flimmernder talkshows

Telefonieren mit J.

Tippen
elf Knöpfe
aus schwarzer Weichplastik
bezifferte Maschen aufnehmen
für das transparente Netz
löchriger Erwartung
und horchen
der Melodie
digitaler Impulse
aus elektronischer Ferne

atmen
warten

wahrnehmen
die Rufe
die anklopfen
an geschlossene Türen
aushalten
die Pausen
die Pausen
endlich
den Ton hören
und sich stellen
der gespeicherten Stimme
der fremden vertrauten
die ihren Ursprung verhüllt
die kühl informiert
den Signalton ankündigt
und ungerührt auffordert
zu sprechen

Ich sollte nicht
Fragesteller sein
Ich verweigere mich
dem Beantworter
warte konzentriert
auf Nichts

und lege auf

Mein Blick
erreicht das fahle Licht
des ermüdeten Tages
und bleibt stehen
Ich erwache
und streife
Enttäuschung
und pochende Trauer
rasch
von der Haut meines Herzens.

Advent - Reime -

Tannenduft und Kerzenhelle,
Artillerie und Flammenhölle,
Plätzchen backen und Oblaten,
Splitterbomben und Granaten,
jauchzet, frohlocket, himmlische Heere,
automatische Gewehre,
Hosianna, Christ ist erschienen,
Stacheldraht und Tellerminen,
in dulci jubilo,
Selbstmordanschlag - irgendwo,
große Freude allem Volke,
Folterung und Giftgaswolke,
Tochter Zion, Zebaoth,
Völkermord und Hungersnot,
zwei Engel sind hereingetreten,
Vertreibung, Massenflucht, Raketen,
Halleluja, Ros' entsprungen,
Stickoxide in den Lungen,
Nikolaus aus Marzipan,
Massengräber, Blut und Wahn,
Pfefferkuchen, die gut schmecken,
Feuersturm, Gewalt und Schrecken,
des woll'n wir alle fröhlich sein,
über den Dächern glühender Schein,
am Weihnachtsbaume die Lichter brennen,
Erschießungen, den Kopf abtrennen,
Ehre sei Gott in der Höh',
Verschleppung, Grauen, Tod und Weh.
Macht hoch die Tür, die Tor' macht weit,
bis dass sie kommt: die bessere Zeit.
Und irgendwann wird schon auf auf Erden
irgendwelcher Friede werden.
Es reimt sich alles, wenn man will.
So schließ' die Augen und sei still.

afrikanische elegie

schutt
blut
hunger
schüsse

embryogekrümmt
schwarzglänzend
der kinderleib

die finger der hand
entspannt
erlöst
glatt und groß
der schädel
die augen
offen geblieben
reglos
die lippen
geöffnet und stumm
unter dem dunkel der fliegen

es ist vollbracht
was bestimmt
geburt ist tod
und vergehen
alltäglich
baum und tier
quelle und fluss
der mensch
und
die hoffnung

Anmerkungen zur Bergpredigt

Er stieg hinauf
allein
auf die Höhe
und stand
und wandte sich um

und sie
blickten empor zu ihm
zu ihm
mit weit offenen Augen
wartend
und nicht erkennend

und er redete zu ihnen
zu ihnen
zu ihnen
ihnen zu

den am Geiste Armen
den Leidtragenden
den Sanftmütigen
den nach Gerechtigkeit Hungernden und Dürstenden
den Barmherzigen
denen reinen Herzens
den Friedfertigen
den um Gerechtigkeit willen Verfolgten

und er redete
von ihnen
zu denen er redete

selig sind die
selig
sind die selig
die

doch

Stimmen drängten sich vor
die das Sagen haben
redeten lauter

die Macht brüstete sich und rief
bedeutungslos bleiben
die geistig arm sind
auf sie kommt es nicht an

die Welt trat vor und verkündete
zum Glück sind es die anderen
die Leid tragen
sie haben halt Pech

die Erfahrung stand auf und erinnerte
weltfremd sind
die Sanftmütigen
sie kriegen nichts gebacken
und werden an die Wand gedrückt

der Alltag stellte klar
Träumer sind
die da hungert und dürstet nach Gerechtigkeit
sie können warten bis sie schwarz werden

und der Gewinner triumphierte
Spinner sind
die Barmherzigen
sie sind die ewigen Verlierer
und ändern nichts

und der Coole stellte trocken fest
kindisch sind
die reinen Herzens sind
sie machen sich lächerlich
und kommen nicht mit

und der Clevere ergänzte lächelnd
und weg vom Fenster
sind die Friedfertigen
sie kriegen nichts auf die Reihe
und werden gefeuert

und der Starke hob sein feistes Haupt und schrie
halsstarrig sind
die um Gerechtigkeit willen verfolgt werden
sie haben es ja nicht anders gewollt

also
sei vorsichtig
bleib misstrauisch
verlass dich auf nichts und niemand
meide Nähe
doch
unterdrücke
deine Sehnsüchte

also
sei nicht so pingelig
vertritt deine Interessen kompromisslos
doch
beklage nicht deine Einsamkeit

also
lass fünf gerade sein
denke zuerst an dich
gucke weg
doch
empöre dich nicht wenn es die anderen genau so machen

also
setz dich durch
gebrauch deine Ellbogen
sei dir selbst der Nächste
doch
erwarte nicht Hilfe
die du selbst verweigerst

also
sei flexibel
reagiere fix
pass auf wo's langgeht
achte darauf woher der Wind weht
doch
stelle keine Fragen wenn du den Weg verlierst

und er
nahm es wahr
und überhörte es doch
und redete weiter
zu ihnen
ihnen zu

zu ihnen
den geistig Armen
den Leidtragenden
den Sanftmütigen
den nach Gerechtigkeit Hungernden und Dürstenden
den Barmherzigen
denen reinen Herzens
den Friedfertigen
den um Gerechtigkeit willen Verfolgten

denen das Himmelreich ist
die getröstet werden
die das Erdreich besitzen werden
die gesättigt werden
die Barmherzigkeit erlangen werden
die Gott schauen werden
die Gottes Kinder heißen werden

doch

die ihn hörten
hörten ihm nicht zu
die mit dem Kopf nickten
wandten sich ab
die zu ihm hintraten
kamen nicht vom Fleck
die ihm folgten
gingen ihre eigenen Wege
die zu ihm emporschauten
mit weit offenen Augen
erkannten nicht
und warteten nicht mehr
worauf

und
die Macht die Welt die Erfahrung der Tag
der Gewinner der Coole der Clevere der Starke

triumphierten

und
er stieg hinab
in die Tiefe
allein
und blieb stehen
und wandte sich um

und
wusste alles

und
ließ sich umbringen
für sie

und
behielt doch recht

Bilanz

ich hätte
den Mut aufbringen müssen
ich hätte
mich überwinden müssen
ich hätte
es riskieren sollen
ich hätte
mich bemühen müssen
ich hätte
es versuchen sollen
ich hätte
es tun sollen
ich hätte
mich nicht darauf einlassen sollen
ich hätte
es vermeiden sollen
hätte ich
es unterlassen sollen
hätte ich
es tun sollen
ich hätte
es
hätte ich
es

werde ruhig
unsicheres herz
traue dem hier
wende dich nicht ab vom jetzt
gewähre
dem leuchten des phlox
die verhaltene freude
in der steigenden dämmerung
halte fest
das lachen und jubeln
der kinder
drunten im tal
birg die zärtlichkeit
verblassenden abendrots
in deinen schlaf

verschenke
deine verbliebene liebe
solange sie dich noch wärmt

und

gönne
deinen irrtümern
deinen versäumnissen
deinen fehlern

endlich

die Vergangenheit

Gelände

Schutt angehäufter Erinnerungen,
gesplitterter Glanz ohne Licht,
nicht erhellend
verdunkelte Wege im Jetzt,
verwelkter Duft von Jubel und Wollen,
verklungener Laut von Gelingen und Glück,
von Scheitern und Fallen.
Ich sollte beenden
längst geschrittene Pfade,
hinter mir lassen
ihre Versprechen
auf morsch gewordenen Zeichen
von Richtung und Ziel,
ihren täuschenden Aufstieg
und tückischen Abstieg
und ihre Verführung zu früher Rast.
Ich sollte beginnen
jetzt
wahrzunehmen
mit mutigem Auge
und entschlossenem Atem,
was geduldig wartet
und noch erfüllt werden will
vor dem Erreichen
des verlässlichen Grenzbaums.

altern

atmen dürfen
tief
die frühe kühle des morgens
fühlen dürfen
auf der harten stirn
die weiche wärme
der steigenden sonne
lauschen dürfen
dem wiegenden rauschen
der jungen blätter
schauen dürfen
das lächelnde licht
der behutsamen dämmerung
und
lieben dürfen
dich

verdanken
dem gewonnenen tag
das leben

Abschied vom Maestrazgo

Geduldet hast du
meinen Schritt auf den Steinen
mein halbes Leben lang,
warst nicht freundlich,
doch hast du dein Antlitz
stets mir zugewandt,
schweigsam und überlegen,
warst dir sicher,
ich würde mich stellen
deiner Wahrhaftigkeit
und deiner Klarheit.

So nahm ich hin
deinen wachsamen Blick,
deine schwarze Kühle und flirrende Glut
und dein stolzes Licht,
gab nicht auf
und wurde versöhnt.
Und wir begannen,
uns zu vertrauen,
uns zu lieben,
waren eins
und geborgen im wärmenden Mantel der Zeit.

Nun
werde ich
Abschied nehmen von dir
mit bitterem Atem,
bergend Geschenktes im alternden Herzen,
die Tränen verweigern,
umkehren mühsam
mit geschlossenen Augen,
hoffend
auf Heimat und Frieden.

ich bin einen weg gegangen

ich legte strecken zurück
stolpernd
fallend
mich wieder aufrichtend

ich blickte mich um
und sah
konturen schwinden

ich blickte nach vorn
starrend
auf den horizont

ich hielt inne
atem holend
lauschend
auf das klopfen des blutes

und schritt weiter
stolpernd
fallend
und mich wieder aufrichtend

und bin angekommen
wieder am anfang

Wintermorgen

Die Amsel hockt am dürren Strauch
und bläht ihr Federkleid.
Vom weißen Dache steigt der Rauch.
Das Licht hält sich bereit.

Der Nebel quillt vom Fluss empor,
umfängt mein stummes Haus.
Ich öffne zaghaft mir das Tor
Und wage mich hinaus.

Der Schnee verbirgt, was dunkel war,
lässt Furcht und Grenze schwinden.
Das Unbegriffene wird klar.
So kann ich Frieden finden.